JN186124

重太みゆき先生、教えてください！

重太みゆき

PARCO出版

はじめに

『重太みゆき先生、教えてください！』って、大胆不敵なタイトルですよね！

本当に、道端でそんなふうによく声をかけられるのです。

私の大好きな明石家さんまさんが司会をされているバラエティー番組『ホンマでっか!?TV』で、印象評論家としてモテ仕草ランキングを発表したり、人生相談コーナーで芸能人のお悩み解決をさせていただいていたりするからでしょうね。

そうして「重太先生！」って名前を呼んで、声をかけてもらえるのはありがたいですよね～。私は「本当に幸せだなぁ」と自分自身でしみじみと感じています。

どうしてそんなに幸せかって？

そうなのです！　その秘訣をこの本でお伝えできたらいいなと思い、初のエッセイを書くことにしました。

でも、ひと昔前までの私は、幼いころから悩みが絶えず、いつも何かマイナスなことが頭の片隅に潜んでいました。

例えば、

どうして、私だけ跳び箱が飛べないのだろう？

どうして、私には解けないのだろう？

どうして、私はこんなに太っちゃうのだろう？

どうして、私には似合わないのだろう？

どうして、私はヘタなのだろう？

どうして、私にはお金の悩みがつきないのだろう？

私の何がいけないのだろう？


そういう感じで、何かにつけて落ち込んでいたのです。

ただ、他人にはそう思っている自分を知られたくなくて、必死でそんな自分を隠して生きていたのです、ず〜っと長い間。

もがいて、もがいて、もがいて、本当に必死で自分探しをしていたのだと思います。

大学4年の就活時には、サークル活動で海や山へと出かけてエンジョイしすぎていた学生生活に終止符を打ち、英語の勉強とダイエット17キロに励んで、念願の日本航空国際線客室乗務員になりました。

しかし、華麗なCA生活中に病気を患い、4年半で終わってしまいました。

その後、フラワーデザインやカラーコーディネーター養成のスクールに通って再就職を試みましたが、バブル崩壊で景気が悪く断念……。

波瀾万丈のお決まりパターンと言われる「結婚」「出産」「離婚」を経験し、ふたりの娘を抱えながらの内職やパート、契約社員を次々とこなし、その日その日をただただ必死、全力で生きているという感じでした。

そんな中、ようやく自分の居場所だと思える職場と出会いました。東京駅前にある老舗ホテルがリニューアルオープンする際に募集していた新規スタッフです。

そこでも耳を疑いたくなるような出来事がたくさん起きて、「私って、何？」と自分を失いかけそうでした。

それでも、なんとか難題をひとつずつ乗り越え、最終的には、玄関掃除係からVIPラウンジマネージャー、社長室室長にまでなれました。


もちろん、そんな幸せは束の間、家庭の事情でやむなく退社することになりました。

でも、落ち込んでなんていられません。

がんと診断された父と落ち込む母、幼い娘たちと私の5人暮らしで、働いているのは私だけなのですから。

「とにかく前を向いて、笑顔でがんばるしかない！」

「がんばっていたら、きっといいことあるに違いないっ」

「神さま、助けて！」

と神さまにすがる思いでがんばっていました。

がんばって、がんばって、がんばって、立ち止まることなく、ただひたすらがんばっていました。

そしたら10年経ち、「あっっ!?」と気づいたら、そんな私がテレビ番組に出ていたり、みやぎ観光PR大使になっていたり、ニューヨークで、2016 Best of Manhattan Awardsを受賞していたり、大学教授になっていたり、歌手になってCDを出したり……、考えられないような奇跡がたっくさん起きていました。

この本では、以前の私のように、

「何かがうまくいかない……」

「なぜか幸せを感じられない……」

「これ以上、何をどうがんばればいいの？」

「今の私のままでいいの？」

と自分自身についてちょっと考えてみたい、と思っている方の気づきになれば、と私について書いてみました。


もっと幸せになりたい！

私のような、幸せの億万長者「ハピオネア®」になりたい！　という方に、ぜひ読んでいただき、自分だけでなく、周囲の人にも、「笑顔の花」を咲かせていただきたいと願っております♡

＊「ハピオネア®」については、26ページをお読みください

もくじ

Part.1 気づきのセンスを磨く

「マイナスの思い込み」に縛られていませんか？……68
「身の丈」を知り、夢とのギャップに気づく……74

Q&A
重太先生に質問！

Part.2

やり続けることの大事さ

Q&A
重太先生に質問！

Part.3

他人との関わり方を知る

Q&A
重太先生に質問！

Part.1
気づきのセンスを磨く

人生に必要なのは、気づきのセンス。
さまざまな気づきで「あなた自身」を知り、
決意と勇気をもって「なりたい自分」へ
踏み出しましょう。

「モヤモヤとした感情」こそ、気づきのセンスを磨く出発点

私のところに相談に来られる方は、大きく3つのタイプに分かれます。

まずは、「重太先生、私、どうしたらいいのでしょう……」。同世代の方から、よく質問されるのです、「どうしたらいいのでしょう」と。

「いったい何のことですか？」

「どうすればいいいか、もうさっぱり分からなくて……」

「重太先生、助けてください！」

助けたい気持ちはやまやまですが、「お化粧の仕方が分からない」とか「話し方が下手で困っている」など、悩みの内容を具体的に話してくださるわけでもないし、ご自身でさえ、何を聞きたいのかまとめられない様子です。

「働き先が間違っているのでしょうか？」

「夫との結婚が間違っていたのでしょうか？」

よくよく伺ってみると、生き方における「そもそもの問題」にぶちあたっているような気がします。ですから、初対面の私にはチンプンカンプン。

次に、私が教壇に立っている亜細亜大学では、重太みゆきゼミナール・通称MYKの受講希望者が多くいます。希望者にはレポートを提出してもらっていますが、そのレポートには自分の人生が熱く、涙ながらに綴られています。共通して書かれているのが、「私は変わりたい」ということです。

「今まで何もかも途中であきらめてきた」

「最後までやりきれないできた」

「現実からも夢からも逃げてきた」

結果、「自分を嫌いになってしまったので、そんな自分をMYKに入って変えたい」と書いてあるのです。


私と同世代の方は「どうしたらいいのでしょう……」と生き方をモヤモヤとさまよい、若者は「自分を変えたい」と言います。

またその一方で、自分の方向性を変えたいとは思っていない、変える必要はないと思っているタイプの方も来られます。

自分のことは好きだけれど、今よりもっといい状況や結果を望んでいる人で、これ以上、何をどうしたらいいのか分からないと、「自分を超える方法」を探しているのです。

どのタイプの方々も、「何をどうしたらいいのか、よく分からない。でも、今よりもっとよくなりたい」という気持ちは同じのようです。

先日、私の講演会に参加された方の中に、こんな人がいらっしゃいました。帰り際、アンケート用紙いっぱいに記入しながら、「私、人生を考え直さなきゃいけない。一からやり直そう。もう一度がんばろう……」とつぶやいて、元気になられていたそうです。

ご夫婦で参加された方は、奥さまと旦那さまがなぜか離れた席に座っておられました。後から分かったことですが、このご夫婦は、「本当は仲よくしたいけれど、どうすればいいのか分からないモヤモヤした気持ち」で参加されていたそうです。

講演終了後、その旦那さまが隣でペアを組んだ方に向かって、「僕、気づきました！　今日、帰りに妻をほめたいと思います。仲よく一緒に帰ります！」と笑顔で話されたそうです。


「どうしたらいいのだろう……」

「自分を変えたい……」

「自分を超えたい……」

　そんなふうに、現状にモヤモヤとした感情を抱いている人がいます。自分の中にあるそうした気持ちに気づいた人から、よくなるための答えを探し始めることができるのですよね。

　気づけたときこそ、そのときの等身大の自分と向き合う、絶好のチャンスです。そこに「決意」と「勇気」が加われば、なりたい自分に変わることができます。変われたら、運も縁も思いのまま。あなたの夢はかないます。

＊

「どうしたらいいのだろう……」
「自分を変えたい……」
そんな心の声が聞こえたら、
絶好のチャンス、到来です！

腹をくくって「決意」すれば、誰でも変わることはできる！

「あなたは幸せですか？」と聞くと、ほとんどの方の答えは決まっています。

「そこそこです」

「まあまあです」

「すごく幸せ！」と即答するのは、付き合いたての理想の恋人がいる人くらいでしょうか。

「重太先生はいつも幸せそうですけれど、本当に幸せなのですか？」

これもよく質問されるのです。

「もちろん、幸せです！」と迷うことなく0・5秒で答えると、「いいですねぇ。幸せって、どうしたらなれるのですか？」とトーンダウンした声で聞き返されるのが、お決まりのパターンです。

お話を伺ってみると、ご主人はきちんと働いて毎月お給料をもらっているし、お子さんも元気で学校に通っている。家族で暮らす家もある。

問題は見当たりません。

そこで、「不幸せの原因は何ですか？」と続けて伺ってみると、分からないのです。

「不幸せの原因は見つかりませんが、先生みたいに幸せを感じられないから、どうしたら幸せになれるか、知りたいのです！」

「家族は健康。家があって、暮らしにも困らず、毎日おいしいごはんが食べられているのですよね～。幸せじゃないですかぁ」

「エッ……⁉」

ハッとした顔をされるので、そこで改めて、「私、幸せだったのかもしれない」と気がつくのですね。

幸せだと気づいたとたん、その人は「幸せな人」になれます。

この気づきを、私は、「ハピオネア®」と名付けています。

驚くほどお金持ちの「ミリオネア」には、誰もが簡単にはなれないけれど、幸せの億万長者であるハピオネアであれば、気づいた瞬間に誰でも簡単になることができます。

そうして手に入れた心のハッピーは無限大です。

私はこの幸せの新基準を世界中にどんどん広めて、ひとりでも多く方を幸せにしたいと願っているのです。

こうした幸せに対する気づきのセンスはとても大切です。当たり前の日常を「当たり前」と受け流さず、「とても幸せなことだ」とひとつひとつに「感謝」するようにしてみませんか。すると、毎日が小さな幸せでいっぱいだったと、大きな幸せを感じられます。「幸せな私」として生きていけるようになるのです。

かく言う私も、10代、20代のころには、そんなふうにはまったく思えませんでした。

「どうして私ばかり裏切られるのだろう……」「こんなに一生懸命にやっているのに、ちっとも分かってもらえない……」と、1日に何度もグズグズと思い悩んでいることがありました。

他人にはそう思っている自分を知られたくなくて、必死でそんな自分を隠し、もがきながら生きていました。

心の片隅では、「なんてムダな時間を過ごしているのだろう」と分かっているのに、不幸せな感情がわいてくるのを止めることは、自分の力ではできないのです。

もちろん、「変わりたい」とは思っていました。

でも、そういう「嫌な自分」を卒業するにはどうしたらいいのか、方法が分かりませんでした。

そんなとき、私が変わる出来事が起きました。

今から20年くらい前のことです。

当時まだ20代後半だった私は、病気になって、夢も希望も職も失うことになりましたが、「誰かの役に立てれば」という軽い気持ちで、読み聞かせのボランティアに参加しました。

そこで、ひとりの少女に声をかけられたのです。

「お姉ちゃんは飛行機に乗って、お客さんに50杯もジュースを配っているのでしょ、かっこいいね〜」

私が「そんなこと、ぜんぜんかっこよくないよ」と答えると、彼女はゆっくりと車いすで私の前まで近づいて来て、キラキラと美しい目を輝かせながら、「お姉ちゃんはかっこいいよ。私は大好きなお母さんのために麦茶1杯を入れるのも上手にできなくて、いつもコップを割っちゃうの。私もお姉ちゃんみたいに、本当はお母さんに上手に麦茶を入れてあげたいのに」とほめてくれたのです。

私はその瞬間に、「私は幸せだったのだ」と教えてもらいました。

「これからは不平、不満、愚痴、悪口は一生言わない！　私、変わる。変わらなくては！」と心の底から思い、決意したのです。

ひとりの少女との出会いで。

人生を一変させる「決意」だったと思います。

*

忘れていませんか？
当たり前の日常への「感謝」。
24時間、幸せを感じられたら、
「幸せな私」として生きていけます。

変わり始めたら、「お邪魔」は必ずやってくる

20年近く前、絶対に不平、不満、愚痴、悪口は言わないと「決意」して、それからはそういう類(たぐい)のネガティブな言葉は二度と口にしなくなりました。

そしたら、身の回りで起きることが、ものすごく変わってきたのです。


なんと最初、嫌なことばかりが一気にやってきました。

心を決めて何か始めると、自然発生的に行く手を阻む「お邪魔」が次から次に起きるのです。お邪魔とは、私がよく使う言葉で、「そうはさせるものか」

とぐいぐい足を引っ張って、道をふさいでしまう出来事や人などのことです。

ディズニーのストーリーにも、主人公の幸せをあの手この手で容赦なくさえぎる悪役はつきものですよね。

『シンデレラ』のいじわるな継母と姉たち。『白雪姫』の美しさに嫉妬する魔女。『眠れる森の美女』では、誕生日に呼ばれなかった腹いせに、オーロラ姫に呪いをかける魔女。

主人公にいじわるしたり、嫌がらせをしたりするダークサイドの邪魔者が登場しないと、物語はちっとも盛り上がらないでしょう。


せっかく変わろうと決意してやり始めたのに、お邪魔に屈して一度でも文句を言ってしまうと、とたんにスタート地点へと後戻りです。ひょっとしたら、因果の渦に巻き込まれて、マイナス地点に立つことになるかもしれません。もったいないですよね。

がんばって打ち勝つしかないのです。

とはいえ、お邪魔は相当辛かったり、また一方では快楽の甘い蜜の味だったりと厄介なものなので、私はがむしゃらに対抗するのではなく、「決意が試されているのだ」と意識を変えることにしました。

「お邪魔＝修行」とも思いました。

だからこそ、「負けてなるものか！」「どんな目に遭っても、絶対に不平、不満、愚痴、悪口を言うものか！」と歯をくいしばれるのです。

しばらくすると、「お邪魔は、いいことが起きる前兆なのかもしれない」と思えるようになってきました。

このように、「気づきのセンス」が磨かれていくと、嫌なことが起きても、「まだまだ修行が足りない。今を乗り越えたら、その先には、ものすごくいいことが待っている」とポジティブな思考でやわらかく対応できます。

これが、「変換力」です。

変換力が備われば、嫌なことが起きても、もはや嫌なことではなくなります。うれしいことに、あなたも訓練さえすれば、身につけられるのですよ。

20年近く、ネガティブな言葉を発せずにいたら、変換力が発動される「時間」がだんだん短くなってきました。

1年くらい根にもってウジウジしている時期もありましたし、1日中ウツウツと悩んでいる時期もありました。

それがどんどん短縮されて、今ではすごく大変なことが起きても、3秒もかからずに前向きな思考に変換できます。

3秒変換できるようになるのに、10年くらいかかったかしら。

ひとつずつお邪魔を処理していくと、「過去に起きたかなり嫌な苦々しい出来事」も次第にリセットされてきます。

「あのとき起きたことは、その後の成長に必要なことだった」と受け止められるので、辛かった過去までが「素晴らしい経験」だと思えてくるのです。

変換力を使って、今現在を前向きに生きていれば、過去の解釈まで変わってくるのですね。

「あなたの過去は変えられる！」

ポジティブに生きていると、「昔の嫌な想い出までダイナミックに変わる」という真実、これはかなり素敵なストーリーだと思いませんか。

＊

20年近く、不平、不満、愚痴、悪口を
言わずにいたから、
すごく大変な出来事が起こっても、
3秒かからず気持ちを「変換」できます。

短い時間でも、驚くほどガラリと「変わる」！

印象行動学を研究している私からすると、見た目の印象を変えるのは、とても簡単です。本人が自分の中の「変わりたい」という気持ちに気づき、「決意」できたら、別人になれます。

私の印象力・意識力アップのための「インプレッショントレーニング®」では、2時間近く顔の表情筋だけを活発に動かします。そうすると、頬の位置が上がるので力強い印象になって、表情がしっかりと意思をもち始めます。

そこからさらにトレーニングを続けると、穏やかさがプラスされ、話し方に磨きがかかります。

話し方に自信がつくと、印象は確実によくなり、変わります。魔法がかかったみたいです。

先日、「結婚したい」という夢をかなえるために「プライベート インプレッショントレーニング」を受けに来られた女性は、トレーニング後、とても柔和でかわいらしい印象へと激変しました。

その数日後、予定していた海外ひとり旅に出ると、機内でも街中でもモテモテだったそうです。これまでの人生で男性から、しかもイケメン外国人から声をかけられるなんてことはなかったから、「本当にうれしかった、自信がつきました」ととびきりの笑顔で報告してくれました。

彼女の場合、ものすごく変身したので、同僚や友だちの中には、「一体どうしちゃったの？　恥ずかしくないの？　今さら婚活しても遅いのに……」と冷たく言い放つ人もあらわれます。お邪魔の登場です。

こんなとき、決して弱気になってはいけません。

もちろん、相手を恨んだり憎んだりしてもいけません。

「私を思ってくださっている」と前向きにとらえて、「気にかけてくださって、ありがとうございます」とさらっと笑顔で言い返しましょう。

そのうちに、「最近、かわいいよね」「今まで気づかなかった自分たちがバカだったなぁ～」と風向きが変わってきます。

自分が変われば、周りの人たちも必ず変わります。

私は講演会で日本全国を訪れています。

数多くの会場で講演をさせてもらっていますが、そんな会場の中には暗い雰囲気で、入った瞬間になんだかぞっとするような古めかしい場所のときもあります。埃っぽかったり、カビっぽいジメジメ感が漂っていて、決して雰囲気がよいとはいえない会場のときもあります。

しかし、講演の前と後では、空気がガラリと一変しているのです。その変化は写真に撮ってもはっきりと分かるほどの違いです。

昭和の時代に喫煙可にしていて、壁が茶色に変色しているようなところでも、講演後には、「あれ、壁が白くなっていない？」、薄暗かった照明も、「LEDに替えた？」というくらい明るいのです。

嫌な空気感は完全に消えています。

講演に参加してくださった数多くの人は、互いにほめ合い、笑い合い、「幸せな状態」に変わっていくので、ものすごくハッピーなエネルギーを生み出すのだと思います。

何百人もが笑っていたら、邪気なんて全部吹き飛んでいくのでしょう。使えなかったスピーカーが動き出したこともあるほどです。

あなたが変われば、周りの人だけでなく、世界も変わります。ものすごいことですよね。

＊

あなたが変われば、
周りの人も変わります。
やがて、世界も変わります！
ものすごいことですよね。

マイナスをプラスにする「変換力」で、クレーマーが友だちになった

ホテル勤務の時代、「ものすごく恐ろしいクレーマー」と噂(うわさ)されるお客さまがいらっしゃいました。あまりにも怖くて、スタッフがブルブルと震え上がってしまうほど。東京のホテルマン、タクシー会社や航空会社のスタッフなら、知らない人はいないはず。それほど有名なクレーマーです。

超VIPの中年男性ですが、そうは思えない外見でした。

私はこの方が初めてホテルにいらしたとき、「ただものではないぞ」と雰囲気で察知しました。「自分は正しい」と信じきっているオーラを、全身から放っていたのです。

そういう方は滅多にいらっしゃいません。

大声で怒鳴り散らしていても、単なるわがままではなく、「強烈な信念」に基づいているのがよく分かります。「どうして僕の言っていることが分からないのだ！」と強く憤っておられるだけ。分かってあげさえすれば、ものすごく喜んでいただけるはずだと直感しました。

私は「恐ろしい」と思いませんでしたので、専任の接客担当になりました。

そして、「この方の気持ちが分かるためには、何に気づけばいいのだろう」「どうしたら喜んでいただけるのだろう」と、お客さま目線になって必死に考えるようにしてみました。

勇気をもって、思いついたことをやってみると、お客さまにしてみたら初めてされることだから、驚くと同時に、とても喜ばれるのですね。

そして、いつしかすっかり頼りにされて、今ではプライベートでもお付き合いするほどの仲のいい友だちになりました。


会社のパソコン上では「クレーマー」と記されているお客さまでも、私から見たら全員「変わっている」だけで、クレーマーではありません。「個性が際立って強い」だけなのです。


みなさん頭がよすぎて、ひとつ聞いただけで10個を理解してしまう能力があるから、他の人も自分と同じだと思い込んでいるのです。

そんな優秀な人は自分の周りにほとんど存在しないので、一般的にはなかなか理解してもらえず、社会で孤立してしまいがちになるのですね。

例えば、そういう方の場合、「すぐにお水、ちょうだい」というリクエストに対して、水を注いだグラスをお渡しするだけではダメなのです。クレームがついてしまいます。

「すぐにお水をもっていったのに、なぜこの人はこんなに怒っているの？」とふてくされている場合ではありません。

「すぐにお水が欲しいということは、汗をかいておられるのだろうから、おしぼりも一緒にお出ししよう」「ゴクゴク飲まれたいだろうから、グラス3杯分すぐにお出しできるようにピッチャーで用意しよう」と自分なりに先回りして考え、乗りきらなくてはいけません。

「能力がある人ほどクレームを言う」とポジティブな思考でやわらかくとらえると、学ぶことは多くなるものです。どんどん楽しくなってきます。

接客業のプロとして、手のかかるお客さまをクレーマーとくくってしまうのは「恥」だと私は思っています。そのお客さまの悩みを解決できず、どうにも対処できなかったから、こちらの勝手でクレーマーと呼んでいるのです。

私の場合、「ちょっと問題があるな」「怒っているな」と感じるお客さまがいると、「どうしてこうなったのだろう」と即座に原因を追求して接客するので、クレームをつける方は全員、実際はいい人ばかりだと気づけました。

そうして、クレーマーと称される方々のほとんど全員、今では私の携帯に番号登録している、仲のいいお友だちになりました。

＊

ホテル勤務時代に出会った
「クレーマー」と恐れられていた方々。
今では携帯に番号登録している
仲のいい「お友だち」になりました。

いいこと、悪いこと、すべての出来事は「お仕組み」

私が20代後半に卵巣嚢腫(らんそうのうしゅ)にかかったとき、母は「あなたが病気になったのもお仕組みね。今まで一生懸命にやってきたのだから、焦らず、ここでひと休みしなさい」と話してくれました。

うちの母も、隣町のおばさんから、「あなたが五十肩になったのもお仕組みね。これからは重たい荷物を持たなくていいじゃない。お料理もしなくていいじゃない。よかったわね」と言われたそうです。

「お仕組み」とは、いいことだけでなく悪いことですら、身の上に起きることは全部、「幸せ」になるために仕組まれているという意味です。

当時は、病気で苦しんだことが、幸せになるためのお仕組みだなんて、正直納得できませんでしたが、今では「そうだな」と素直に受け取れます。「いい勉強をさせていただいた」と思えるようになったら、イライラしたりクヨクヨしたりしなくなりました。

病気をして10年ほど経ったころから、気がつくと、自分でも「お仕組みだからね」と、1日に10回くらいは口にするようになっていました。

娘たちが「こんなに嫌なことがあったのだから……」と落ち込んでいると、「まぁまぁ、それは大変ね。でも、お仕組みだから、きっといいことがあるのではないかな」と言い聞かせています。

洋服にシミができたときでも、「きっと別の洋服に着替えたほうがいいという、お仕組みね！」と素直に思い、ブツブツ言わずに着替えます。「あぁ〜、せっかくアイロンをかけたのに、着替えなきゃ。面倒くさいっ」とは思いません。それが自分の不注意ではなく、他人につけられたシミだったとしても同じように思います。

私は多いときには年間250回ペースで、全国を巡って講演をしてきました。みなさんに信じられないとよく驚かれるのですが、これまでの10年間、雨や台風で講演が中止になった、道中で交通機関が止まって行けなかったということは、たったの一度もありません。

空港へ向かう途中、大雨が降っていても、「うわぁ、今日、大雨なんて最悪。嫌だな〜」なんて絶対に言ったりはしません。大雨は、「いいことが起きるために降っている」と思っていますから。

雨が降ったおかげで、車がきれいになる、お気に入りの傘が初めて使える、好きな人と相合傘ができるかも……など、「よかったね。この雨のおかげだね。ありがたいね」と、何かひとつ、小さなことでいいから、「いいことが起きる」と考えるのです。

そうすると、少し時間が経ったら、本当にいいことが起こりますよ。

他の便は欠航続きでも、搭乗予定の飛行機だけはオンタイムで出発します。そして、会場に着くと、台風のはずがなんと大晴天。しかも、講演中は土砂降りで、帰るときも、また大晴天。

そんなときは不安定な天候の中を一生懸命に会場までお越しくださったお客さまの気持ちを思い、感謝の念があふれてきます。

ありがたいね。ありがとうございます。みなさん、本当にありがとうございます。

こうした気持ちは、脳科学的な見地において、あえて言葉に出したほうがいいそうです。なので、私は1日のうちに40〜50回は独り言のように言っています。

ありがたいね。
ありがとうございます。
本当にありがとうございます。

あなたもぜひ実行してみてください。

*

自分が病気で苦しんだことも、
幸せになるための「お仕組み」。
ありがたいね。
ありがとうございます。

幸せになることを拒絶する、「マインドブロック」に気づく

「これ以上、幸せになっていいのかしら……」

「こんなにうまくいくはずがない。きっと明日は不幸がやってくる……」

幸せになりたいとあんなに強く願っていたのに、願いがかないそうになると、無意識のうちに、幸せを拒絶する「マインドブロック」をかけてしまう人がいます。

幸せになれない典型的なパターンであり、こうした「考え方のクセ」が身についてしまうと、どんなにがんばってもハッピーな気分に満たされません。

例えばそういう人は、憧れの超イケメンが振り向いてくれそうになると、「これはおかしい、何かがおかしい。こんな幸福がいつまでも続くはずがない……」と疑いにかかってしまうのです。

「裏がある？」と勘ぐってしまうのですね。

営業でものすごい数の契約が取れて、あっという間に、どんどん売り上げがアップしていきました。普通に喜べばいいのに、「こんなに売れるということは、この後に大変なことが起きるに違いない……」と落ち込んでしまうような人なのです。

なんだか悲しいですよね。

みんな今より「もっと幸せ」になれるし、その幸せは「ずっと続いていく」と私は確信しています。

よくみなさんにお話しすることがあります。

「私はもっと幸せになれると信じて、不必要なマインドブロックを取り外してみませんか。絶好調で幸福な自分をイメージしてください」と。

それでも幸福な自分をイメージできない場合には、ベタな方法ですけれど、「感謝」してから眠るようにしてみてください。

私は10年間、この就寝前の感謝の「おまいり」を欠かしたことがありません。どんなに疲れていても、「今日もたくさんお仕事をさせていただいて、ありがとうございます」と心静かに手を合わせ、きっちりと感謝してからその日を終えるようにしています。神さまにも、仏さまにも、人さまにも、持ちものにも、自分の身体(からだ)にも感謝します。

布団の上に正座して感謝の気持ちを述べているうちに、いつの間にかスヤスヤと眠りに落ちています。

たくさんの感謝に満ちあふれた状態で安眠すると、清らかな気分で朝を迎えることができるのです。

毎日繰り返していると、次第にその日1日を幸福に過ごす自分のことを、自然とイメージできるようになってきます。

「私はもっと幸せになれる」と信じられるようになると、あなたにはたくさんのいいことが起こります。

同じ思いの人と出会うので、「よかったね」「幸せだね」「ありがたいね」とポジティブな言葉のシャワーをたくさん浴びるようになります。

そして、「よかったね、よかったね」と話はどんどん前向きに、キラキラと輝くように進んでいきます。

ところが、「こんな幸せ、続くはずがないわよ」と考えていると、本当にそうなってしまいます。

「そうよ、そんなにうまくいくはずないじゃない。あなた、だまされているのよ。ダメよ、信じては」という人たちと波長が合い、不平、不満、愚痴、悪口を言い合う低次元で意気投合し、本当は「ほんのちょっとしか思っていなかったネガティブな意見」を、実に残念なことに、すべて取り入れてしまうことになるのです。

これには要注意です！

＊

幸福な自分をイメージするため
「感謝」してから眠ります。
清々しい気分で目覚めるので、
だんだん幸福な自分が見えてきます。

「もっと幸せになる」と信じると、人間関係がガラリと変わる

「マインドブロック」がなく、「私はどんどん幸せになれる」と信じている人は、身近に「うまくいくなんておかしい」というマイナスの考え方の人があらわれても、「一緒にいると、幸せなことが起きない気がする」と直感で思うようになるので、その人との縁を手放します。

そして、後ろ向きの人との関係がなくなった瞬間、「よかったね。もっと幸せになれるよね」という、前向きの人との縁をグイグイと引き寄せます。

運や縁が調律されていくのでしょう。

「類は友を呼ぶ」は実話なのです。

おもしろいですよね。


人生には、あるとき、人間関係がガラリと変わる時期があります。

私がマンツーマンで印象力を究極に磨く「プライベート　インプレッショントレーニング」では、トレーニングを受ける方に、あらかじめお伝えしておくことがあります。

「トレーニングの後、友だちや恋人が変わってしまうかもしれませんよ」と。

自分の「印象」が変化するということは、見た目だけでなく、「考え方」も変わるということです。

例えば今までは大変なことが起きたとき、憎んだり、仕返しを考えたりしていたけれど、トレーニングの後では、「これはお仕組みだから、がんばろう。私はこの試練を乗り越えて、もっと幸せになろう」と気持ちを切り替えられるようになります。

そうすると、今まで一緒に不平、不満、愚痴、悪口を言い合って仲よくやってきた相手は、前向きに変わったことにすっかり戸惑って、「いい子ぶっちゃって」とか「見捨てるなんてひどい」とかブツクサと言い始めます。

そして、だんだんと縁遠くなっていくのです。

人生の変換期には、友だちや恋人、職場が変わったりする以外にも、いろいろなことが起きたりするものです。

当然、「お邪魔」もいっぱいやってきますから、「これは修行」

「乗り越えられる」

「この先、もっと幸せになれる」

と前向きに考えましょう。

「絶対に大丈夫」というイメージがしっかり抱けないと、途中で苦しくなったり負けてしまったりしますから、とにかく「信念」をもつこと。

それが重要なポイントです。


もうひとつのポイントは、自分を信じきる「勇気」です。

大人になると、日常の中で勇気を出すシーンは、あまりないですよね〜。

子どものころは、勇気を出してプールに飛び込む、新しい友だちをつくる、授業中にみんなの前で発表するなど、勇気を出さなければならないシーンがいろいろありました。

大人になると、やりたくないこと、自分らしくないことには、あえてチャレンジしなくても生活できてしまうことが多いのです。

ですが私は、こうした新しいことにチャレンジするとか、人生がガラリと変わる変換期にこそ、自分で自分を信じきる勇気が必要で、勇気さえあれば、多くのことがうまくいくと思っています。

＊

「絶対に大丈夫」と
信じる「勇気」をもちましょう。
どんなに嫌なことが起きても、
その「信念」で乗り越えられます。

「マイナスの思い込み」に縛られていませんか？

「私、あの人に嫌われているから……」という台詞（せりふ）、よく女性の口から発せられますよね。

「嫌われている」と思い込んでいるのですが、相手にそれとなく聞いてみたら、「そんなこと、言ったっけ？」と気にも留めていない様子。

気づかないうちに、こうした「マイナスの思い込み」に、がんじがらめに縛られていたりしませんか？

「私が、私が」と、いつも自分が主語になっている自我が強い人にありがちなのですが、主語を「相手」に置き換えて、相手の立場になって考えてみると、まったく別の世界が見えてきます。

自分が考えているほど、他人はあなたのことを気にしていませんし、嫌ってもいなかったりします。

また、「私、そういうことやらないから……」と、やる前からできない、やらないと決めつけるのも、マイナスの思い込みです。

マイナスの思い込みは、不幸の種。

そんな暗い思い込みを取り払うためには、自分で自分のことをほめてあげるのがいちばんです。

「プラスの思い込み」をするのです。

朝起きたら、「私の肌、調子がいい」「髪の毛がサラサラ」「チークの色がかわいい〜」など、どんな些細(ささい)なことでも構わないので、自分で自分を100回ほめて、脳を幸せにしてあげましょう。

ある脳科学の研究では、70回くらいでほめるのを止めてしまったら、「ほめられ脳」は幸せになりきれないけれど、自分自身でいいから100回ほめてあげると効果が出て、「幸せな気分」になれると聞きました。

「100回ほめる」というのはかなり大変ですが、実際にやってみると、確かに元気が出てきます。

そして、楽しい気持ちで人とコミュニケーションを取れるようになるので、周りで起きている出来事がすべてキラキラと輝いて見えてきます。

例えば自分をたくさんほめた日の朝のことです。

電車の中で、にっこり微笑(ほほえ)みながらモテ仕草ポーズでつり革につかまって立っていれば、確実に周囲の人から注目されます。「今日の私、人気があるみたい～」なんて、ますますウキウキして幸せになってしまいます。

ところが、寝坊してしまい、メイクもしないで慌てて電車に乗り込んでしまった、なんていう日の場合。

周囲の視線を感じると、「どうして私を見るの？　私の顔に何かついているのかな？　何？」と、心と身体が「こんな私、見られたくない、見ないで」となってしまうはず。

そして、「あの人、私のことをバカにしているのかも……。そうに違いない」と自分勝手にマイナスな方向に思い込んでしまったりするのです。

つまり、すべて自分次第。

周りで起きていることも、あなたに対する反応も声も、たいていは毎日同じことなのです。

だから、いつも私は、「自分で自分のがんばりをほめて、幸せにすることが大切なの」と力説しています。

プラスの思い込みは幸せを運んできます。覚えておいてくださいね。

＊

自分を１００回ほめましょう。
すごく気分がよくなります。
起きることがキラキラと輝いて見え、
ますます幸せな気分になれます。

「身の丈」を知り、夢とのギャップに気づく

自分の「身の丈」を知ることは、とても大事です。

別の言葉で言い換えれば、「自分相応」。あなたの能力や性格を、それ以上でもそれ以下でもなく、客観的にしっかりと見定められるなら、今の自分にベストマッチの「ふさわしい」ものが選べるでしょう。

もしあなたが「王子さまと結婚したい」と望んでいるなら、それはほとんどの場合、身の丈に合っていない自分不相応な夢でしょう。

どこかの国のプリンセスだったら話は別ですが、あなたが出会うのは、「自分に見合った相手」です。

世の中には、明らかに「ないものねだり」しているのに、「私の夢はかなわない」「私の思い通りにならない」と嘆いている人は、結構多いと思います。見合ったものを求めていないから、夢はかなわないし、思い通りにならないのです。

自分の身の丈と、求める夢の「ギャップ」に気づいていないと、「私、どうしたらいいのでしょう……」と、にっちもさっちもいかなくなります。

ですから、自分の「身の丈」を知ることは、とても大事なのです。

例えばプール。

たくさんの人が利用するプールでは、ちゃんと泳げる人のレーン、泳がずに立って歩く人のレーン、途中で立ってもいいレーンと、能力別にレーンが分けられています。そうしないと、遊泳中に人と人がぶつかって、お互いに迷惑をかけるからです。

私は泳ぎが下手なので、プールに行くと、途中で立ってもいいレーンで泳ぐのですが、「いつかは、ちゃんと泳げる人のレーンで、かっこよくスイスイと泳ぎたい」という夢があって、「そのためには、今いるレーンでがんばろう」と思っています。

今いるレーンでプライドをもって泳ぎ続けて一番になれば、ステップアップして隣のレーンに移れると知っているからです。

講演会などでは、「ステージ」という言葉をよく使うのですが、すべてのことは、身の丈を知り、自分を信じる「勇気」をもって、今いるステージでがんばるところからスタートします。

25～26歳のサラリーマンが転職を希望しているとき、「外交官になりたい」と言っていました。続けて話を聞いてみると、英会話もできないし、何の資格も取っていません。

現状では、外交官になるなんて、勘違い、はなはだしい状況だと思います。しかし、今の自分の実力と理想のギャップをきちんと見定めて、一歩ずつステップアップしていけば、勘違いではなくなります。

1年目はこういう努力、2年目はこういう努力と「努力の絵」をきちんと描き、「覚悟」を決めてその絵に色を塗り続けていくように努力すれば、いつかその夢はかなうかもしれません。

実際には彼の夢は外交官ではなくなり、体力と精神力をも鍛え、青年海外協力隊隊員になることに変わりました。そして今では、その夢をかなえて、海外で幸せに暮らしています。

大切なのは、身の丈と夢のギャップをしっかりと見定めること。

そして、夢をかなえるためにはどんなステップが必要か見定め、途中であきらめずに「最後までやりきるぞ！」と覚悟することです。

それにはコツがあって、いつも「ちょっとだけ上」を目指すようにするといいのです。

ちょっとだけ上のステージなら、少しの努力で手が届くので、そのたびに達成感という喜びが味わえます。喜びは、「励み」になります。

そうやって身の丈を少しずつ伸ばしていきましょう。

毎年、私はお正月に今年1年間の目標と、それをかなえるためのステップを全部細かく書き出しています。

そして、必ず12月31日までに、その夢をかなえると決意して、「夢がかなえられなかったら年は越せない」と覚悟を決めるのです。「私は必ずできる」と言い聞かせ、自分を信じます。信じる心は絶対に揺らぎません。

それでも、途中で何度も、「いや〜、まいったな〜。もう無理なのかもなぁ……」「本当にこれをやる意味はあるのかな?」と心が折れちゃいそうになることもあります。

そういうときは、「あっ、お邪魔がやってきたぞ」ととらえて、「私にはできない、無理だと思わされている自分が、すでにお邪魔に負けている! お邪魔に負けるな、私!」と気合を入れて乗り越えるようにしています。

あなたがファーストステップを踏み出そうとしているとき、「どうせ私なんて……」とネガティブにつぶやいていると、「ずっと同じステージで一緒にグダグダと過ごそうよ～。成長なんてしなくていいからさ」と、やさしい顔をしてあなたの足を引っ張っちゃう人たちが近寄ってきますよ。

新しい場所では、ワクワクするような新しい出会いがたくさん待っているので、決意と勇気をもって進んでください。

そうしたら、運も縁も思いのまま。

あなたの夢は、もうかない始めています！

＊

「ちょっとだけ上」を目指せば
少しの努力で手が届くので、
そのたびに達成感が味わえます。
そうして身の丈を伸ばしましょう。

Q&A 重太先生に質問！

Q……容姿にコンプレックスがあります。今さらダメかもしれませんが……、どうしたらいいのでしょう？（20代・女性）

A……ずーっと、「今さら」という言葉を使って暮らしていませんか？　そして、これまでに「今さら」ではない時期はありましたか？　「今さら」という言葉を「今から」に変えてみましょう！

本当にあなたが容姿について悩んでいるのなら、例えば美容院で自分に似合うヘアスタイルを教えてもらう、あるいはプロからメイクアップのレッスンを受けるなど、今から臆せずトライしてください。

コンプレックスの原因が分かっているのに、何も手を打っていないのは、「努力が足りない」ということですよ。後ろ向きの気持ちでいると、毎日あなたの前にやってくる「たくさんのチャンス」を逃してしまいます。もったいないですよね。

だから、がんばって努力してみましょう。努力しようと「決意」して、大好きな自分に変身しちゃってください！　考えただけでワクワクしますよねっ。

Q……無理してがんばりすぎているのかなぁ、かなりストレスがたまっています。なくす方法を教えてください。（30代・女性）

A……無理してがんばりすぎる＝ストレスがたまる＝よくないこと、なんて思われがちですが、私は、「無理してがんばりすぎる＝ストレスがたまる」とは考えていないのです。

普通レベルのがんばりでも、達成感が得られなければ、ストレスを感じることってありませんか？

一方で、ものすごく無理してがんばっても、そこに「やったー！」という達成感があるのなら、ストレスではなく、「努力した喜び」を全身で感じ取れます。

もし目標を達成できなかったとしても、今までとは違う自分の一面が発見できたり、新たな気づきが生まれたり。そういう意味での「新しい喜び」を得ることもできますよね。

ですから、ストレスをなくす方法は、無理してがんばらないのではなく、とらえ方次第だと思うのです。

ポジティブな思考でやわらかく対応してみてください。

Q……実家に金銭的な余裕がなく、大学進学をあきらめなくてはいけません。どうして僕だけ……。（10代・男性）

A……大学進学が本当の「夢」ならば、あきらめることはありません。親に学費を出してもらえなくても、今は奨学金を利用する学生は普通にいますし、しばらく働いてお金を貯めてから進学するという方法も選べます。夢をかなえる手段はいくらでもありますから、まずはあなたなりに情報収集してみてください。高校でも相談にのってくれるはずです。

私は、進学できないことを親のせいにするのはナンセンスだと思うのです。家庭の事情は与えられたものかもしれませんが、今いる環境は、あなた自身の力で変えていくことができるのですよ。目指している夢に似つかわしい、あるいは近いところに、どんどん環境を変えていきましょう。

今のあなたには、「自分と向き合う」絶好のチャンスが訪れているのだと思います。そこに「決意」と「勇気」を加えて、ぜひ夢をかなえてください！

Part.2
やり続けることの大事さ

「なりたい自分」に向けて一歩踏み出したら、
そこからは笑顔を忘れず、
やり続けていきましょう。

「なりたい自分」に向かって、長い道のりを一歩ずつ進む

変わろうとする「決意」を固め、「勇気」を出してファーストステップを踏み出していますか？

「失敗したら、どうしよう……」と弱気になってしまう人も多いのですが、失敗は誰にでも起きる「当たり前」のこと。

失敗を必要以上に恐れて避けて通ろうとするより、失敗したときに「貴重な経験をさせてもらった」と言えるほうが吉です。

「なりたい自分」へ向かって、一歩一歩、進んでいってくださいね。

私は「プライベート　インプレッショントレーニング」を受けた方には、「今日やったことは決して受け流さず、明日も絶対にやってください。そうしないと、せっかく今日がんばった意味がなくなります。毎日忘れずにやり続けてくださいね」と話しています。

継続できた方と1年後にお会いすると、ものすごく素敵に変身しています。再会した瞬間、誰だか分からないくらい。「あのときの私です」と一緒に撮影した写真を見せていただいても、信じられないほどです。

今の時代は、スマートフォンで毎日気軽に自撮りができるので、その変化も楽しみながら続けられますよね。

日ごろから多彩な質問を受けている私ですが、

「重太先生、そんなにいい人だと、疑われちゃったりしませんか？」

なんてこともよく聞かれます。

世の中には、無意識のうちに「マインドブロック」をかけている人が結構多いので、他人に無条件でやさしくされたり、無償で手伝ってもらったりすると、「これはおかしい、何かがおかしい。ひょっとして裏がある？」と勘ぐってしまうのです。

寂しい話ではあるのですが……。

見方を変えれば、「いい人」になろうと思えば、誰でも「すぐ」になれるけれど、周りの人に信用されるまでには、それなりの「時間がかかる」ということなのです。

1年？

いえいえ、5年、10年、20年。

それくらいやり続ければ、しっかりと周りの人に認めてもらえるのではないでしょうか。

「疑われちゃったりしませんか？」と聞かれているうちは、私もまだまだ修行が足りないのですね。

ますます淡々と精進しなければ！


霊験あらたかな古式ゆかしい神社や寺院では、本殿や本堂にたどり着くまでに長い石段があって、一段一段、自分の足で上らないと参拝できないところがたくさんありますよね。

神社や寺院では石畳を傷つけないように控えますが、私は普段、ハイヒールを履いていますので、訪問先で長い階段を見つけると、「階段はちょっと辛いな。エスカレーターがあればラクなのになぁ〜」なんて、心の奥底で一瞬思ったりもします。

しかし、「どこの長い階段にも意味があり、自分の足で上ることが大切なのだ」と、すぐに思い直しています。

神聖な場所を目指して、フーフーと息をきらしながら一歩ずつ上り、そして、また新たな気持ちで下りてくる。

心と身体にたまった邪念を、石段を一段一段と上がりながら、はらい浄(きよ)めているのではないでしょうか。

その行為そのものが「修行」なのだと思います。

まさに人生そのものです。

世の中のすべてのことは、「だんだんに、少しずつ」、上達したり成功したりするものなのです。

エスカレーターで一気に「結果」にたどり着くのではなく、「途中のプロセス」をていねいに積み重ねていくことが大事なのですね。

大学2年生の教え子から、打ち明けられたことがあります。

「重太先生、私、ダメでした。1年間、がんばってみたけれど、やっぱり思っていたようにはできませんでした……」

達成感が味わえないから弱気になって、自分が信じられなくなったようです。一生懸命にがんばっている学生なので、着実に彼女の身の丈は伸びているのですが、いかんせん自分の成長ぶりを、実際に目で見たり、手で触ったりして確かめることができていないと、不安になるのでしょう。

「1年前と比べたら、とっても成長しているよ。自分では実感できなくても、昨年のあなたがもし昨日のあなただったら、それは激変と言うほど変わっているから、自分の努力を信じてごらん。この調子でがんばろう！」と言って、昨年のプレゼンの様子をビデオで一緒にチェックしてみたら、その成長に驚きました。
続けていけば、着実に変わってきます。
自分を信じてくださいね。

*

一歩一歩、ていねいに進んでいけば、
着実に変わってきます。
成果は見えにくいですが、
自分を信じてくださいね。

やり続けたら、究極のレディにもなれる！

「プライベート　インプレッショントレーニング」には、「品を身につけたいのですが、どうすればいいのでしょうか」という方も相談に来られます。

お金もある。名誉もある。地位もあるけれど、「品」だけが足りないのですね。究極のレディになるためには、美しくエレガントな品格は絶対に欠かすことができません。

最高級の服を着ていらしても、歩き方や座り方、「すみません」という声の出し方などで、その方の品格はすぐに分かってしまいます。

品のない人は、すべての動きに「音」がします。

かばんを置いても音がしますし、歩いていても音がします。話していても、食事をしていても、妙に耳に障る音を立てます。

本当に何もかもなので、グラスを置こうが、扉を開けようが、トイレの中でもトイレットペーパーをガラガラと引き出す音を立てています。

どうして音がするのでしょう？

それは「繊細さ」に欠けているからです。

自分で音を出していることにすら、気づいていないのですね。ですから、他人の出す音もまったく気にならないようです。

上品な方は、グラスをコースターに置く瞬間、グラスの底に小指が入っています。決してモノとモノとが直接当たる音を立てません。

日ごろからそういう繊細な暮らしをしているので、習慣になっているでしょう。心にゆとりがあるのだと思います。とても素敵ですよね。

私のトレーニングで品を身につけるレッスンは、基本になるさまざまなトレーニングを積み重ねた後の、最後の最後の「詰めのところ」です。「プライベート　インプレッショントレーニング」でも、リクエストをいただいたら、とても細かいトレーニングをしますが、そこにたどり着くまでにはやるべきことが山積みなので、普段はなかなかトレーニングする機会はありません。

とはいえ、他のトレーニングと同様に、上品になりたいと「覚悟」して、学んだことを忘れずにきちんと続けていくことができれば、いつの間にか習っていないことにも自然と気づけるようになり、品格を備えた美しい人へと変わることは可能です！

どんな夢でもかなえられるのです。

*

品格を備えた究極のレディに
変わることもできます！
続けていけば、
どんな夢でもかなえられます。

調子が悪い日も、雨の日も、続けていくしかない！

２０１１年の東日本大震災以降、ボランティアをする若者が急増しています。「自分が幸せになりたい」というより、「人の役に立ちたい」と思う若者が本当に増えました。

「自分だけが幸せになるなんて、申し訳ない」という若者たちの言葉をよく耳にします。

ご縁をいただき、私は宮城県を中心に4年間毎月のように復興支援として、「インプレッショントレーニング®」をしに行ったり、「石巻復興支援ネットワークやっぺす」のみなさんに「スマイルトレーナー®」として活躍してもらうためのトレーニングに通ったりしていました。「スマイルトレーナー」とは、世界中に笑顔を広めるために私がつくり出した独自の笑顔トレーニングを受け、資格を取得した方々のことです。

行くと決めていた日がたとえ大雪だったとしても、もちろん向かいます。そして、4年間も顔を出し続けていると、みなさんとの絆がどんどん深まり、2016年からは「みやぎ観光PR大使」にもなりました。

また、2016年は宮城県岩沼市の「千年希望の丘植樹祭」にNPO法人KIDS NOW JAPANのみなさんとともに、MYKの学生と「スマイルトレーナー」を連れて参加するようになりました。

毎年植樹を行い、巨大な森の公園をつくり上げ、街の未来を守ろうとする活動です。今回は1万2000人で約10万本の植樹をしました。

例えばこのボランティアに1回参加するだけだったら、気軽にできます。1回に総力を注ぐことは、比較的簡単なのです。

しかし、1回だけで終わらせてしまっては、その先の結果が薄くなります。植樹の後には、さまざまなケアも必要です。「次はいつ行こうか」と仲間とスケジュールを段取りして、定期的に雑草取りに通う。または、後に続くメンバーを見つけて、活動を受け継いでいく。

そうした細かい配慮も求められます。

小さなボランティア活動を一歩ずつやり続けることは、本当に大変なのですが、それこそがまさにボランティア。

自分がしたいときにだけ、したいことをするのではなく、調子が悪い日も、雨の日も、根気よく、淡々とやるべきことを続けることに意味があります。

そのためには、最初に「ルール」を決めておくといいのです。決めたルール通りに行えると、「自信」につながります。そうしてひとつずつやりきっていくと、やがて「喜び」も感じられるようになるので、続けていく励みにもなります。

また、少しずつ周りの人にも認めてもらえますから、そこにプラスの好循環が出来上がり、ますます続けやすい環境が整ってきます。

そういう話をすると、「面倒くさいなぁ」と思って、断念してしまう人も出てきます。最初は「ボランティア活動、ぜひやりたいです！」と積極的になっていた人でも、「そこまで責任をもって続けられるかなぁ、私……」と臆病になるのです。大人でも同じですね。

「時間がつくれるかどうか、心配……」

「交通費もそれなりにかかるし……」

言い訳を並べ始めると、きりがありません。

それも「マインドブロック」だと思います。

ですから、「私はボランティアを続けられる!」と信じて、不必要な心のブロックを取り外しましょう。

やると「決意」したら、できるのですよ、絶対に。

マインドブロックは、無意識のうちにかかっていますから、ときどきは立ち止まって、あなたの心の中をクリーンアップしてください。

＊

自分がしたいときにだけ、
したいことをするのではなく、
調子が悪い日も、雨の日も、
続けることに意味があります。

すごい覚悟が生み出した日常にある「奇跡」

マンションを売却して、「プライベート　インプレッショントレーニング」を受けに来られた方がいました。

大成功した女性社長さんなのですが、事業を拡大しすぎて負債を抱え、都内の一等地にある高級マンションを手放したそうです。

家を売って、お金をつくって、借金を返して。それで心機一転、ゼロから地道にがんばっていこうと決意されていました。

借金を清算した後、手元に残ったわずかなお金で、おいしいごはんを食べに行こうか、それとも私のところに来て人生をやり直そうか、考えてみたそうです。

そして、私のトレーニングを選んでくださった！

「ものすごい覚悟でいらしたのだな」ということは、お会いして0・5秒で分かりました。

「よくいらっしゃいました。とにかく私を信じてください。今日のトレーニング、お互い、全力でがんばりましょう」

「よろしくお願いいたします！」

「ところで、あなたの一番の悩みは何ですか。それを解消して差しあげたいと思います」

「倉庫に売れ残りの商品があふれているので、全部売り尽くしたいのです」

「分かりました！　売り尽くせるような人に変身していただきますから、トレーニングの後、今日すぐ営業に行ってくださいね」

ドアの開け方、座り方、バッグの置き方、書類の渡し方、おすすめトークなどなど、事細かく徹底的に営業向けの印象力・意識力アップのトレーニングをします。

「もし先方が横柄な態度で接してきても、臆することなく自信をもってやり続けてくださいね。変身しきってください」と念を押し、あらかじめアポイントを取っていた会社に、「予定通り、これからお伺いいたします」と電話をかけてもらいました。

もちろん、声の出し方、しゃべり方、何もかもがこれまでと違っています。

営業先の会社では、若い担当者が対応してくれたそうですが、彼に向かって、トレーニング通りに商談していたそうです。

するると、たまたま商談ルームを通りがかった社長が、彼女のことをぱっと見て、「きれいで品のいい方が来ているじゃない。その方、私の部屋に通して」とおっしゃって、その場で社長と商談できることになりました。

話していくうちに、「うちだけではなくて、あなたの商品を全部買ってくれそうな会社を紹介してあげましょう」という展開になり、一瞬にしてすべての在庫を売り尽くせたそうです！

翌月は2回目のトレーニングに来られました。

「先月はありがとうございました」

部屋に入って来た瞬間から、明るく華やいだ幸せそうな雰囲気で、前回とはまるで様子が違っていました。

「重太先生、実は私はもうひとつ事業をもっていて、別の倉庫にフランスから輸入した食品があるのです。これも全部売り尽くしたいのです」

「分かりました！　それでは、今日は食品会社向けの営業トレーニングをやりましょう」

「自分を信じて、今日もがんばります！」

前回同様に、事細かく徹底的にトレーニングをしました。

そして、「今回は営業先にアポイントを取っていないので、連絡をしなければ」と大きく息を吸って覚悟を決めた瞬間、彼女の携帯にメールが届いたのです！

「この間のお話を聞きたいのですけれど、お願いします」と。

まさに引き寄せですよね！

そのまま打ち合わせに出かけます。

結果、すべての在庫を全国チェーンのレストランが買い取る話がまとまりました。そして今回は、在庫数以上の発注を受けたので、フランスの取引先から新たに商品を取り寄せることになったそうです。

彼女は今では「変身した自分の身の丈に合った」規模の事業をスタートさせて、再び成功を手に入れています。

「もっと幸せになれる」と信じていると本当にいいことが起こる、また、「マインドブロックを取り外してやる！」と「決意」したら何でもできるという、日常の「奇跡」の実例です。

私の周りでは、私自身だけでなく、トレーニングや講演会に参加してくださった方々にも、こうした「！」なことが頻繁に起きています。

もちろん、あなたにだって日常の「奇跡」は起こりえるのです！

＊

「マインドブロック」を取り外し、
自分を信じて
やると「決意」したら、
奇跡のような現実が待っています。

笑えないなら、2週間、無理して笑い続けてみる

私の人生に欠かせないのは、なんといっても「笑顔」です。

あなたは、今日、いっぱい笑って過ごしていますか？

そして、誰かの笑顔に気づくことができましたか？

私の講演会では、みなさんに「全力で笑ってください～」とお声掛けをして、どんな方にも必ず笑顔になっていただきます。

先日、母娘のふたりで講演会に参加され、「お母さんの笑った顔を生まれて初めて見ました！」という娘さんがいました。20代後半でしょうか。お母さんはおそらく50代だと思いますが、その娘さんは、お母さんの笑顔に感動して号泣していました。

お母さんは、なんと、小学校4年生のときから笑っていなかったそうです。「お父さんには、一度も笑った顔を見せたことないわねぇ」と話しておられました。

小学4年生のとき、好きだった男の子に、「おまえ、笑うと、すごく気持ち悪いよ」と言われて大ショックを受け、以来、笑えなくなってしまったそうです。

意外に思うかもしれませんが、何気ない他人の悪口に傷ついてトラウマを抱え、笑顔を忘れてしまった人は少なくないのです。

約40年ぶりに笑うことになったお母さんですが、最初はどんなに無理してがんばっても、笑うことができませんでした。顔の表情筋がすっかり固まって、動かなくなってしまったのですね。

そういう方には、口の両端に指を入れ、前歯だけでなく奥歯が出るまで思いっきり横に引っ張ってもらいます。そうするだけでも、りっぱな笑顔だと人は思ってくれます。全力のつくり笑顔で、母と娘がお互いに顔を向き合わせた瞬間、娘さんは初めて見るお母さんの笑った顔に、思わず、「かわいい！」と言っていました。

講演の後、ふたりで挨拶に来てくれて、お母さんも「生まれて初めて、人からかわいいと言われました」と大粒の涙を流しておられました。

お母さんは、正直、きれいな人でした。ただ、表情筋が動いていないので、不幸せそうに見えました。

小学4年生の男の子って、わざと好きな子に意地悪なことを言ったりする年ごろですよね。もしかしたら、好きだったのかもしれませんよね。

笑い始めたばかりの人は、しばらくの間、周囲の反応が気になってしまい、妙にソワソワと落ち着かないかもしれません。それでも、無理してがんばって、毎日笑い続けていくことが大切です。初めはつくり笑顔でいいのです。

とにかく2週間、続けてみてください！

固まっていた表情筋が徐々にほぐれて、自然に笑えるようになってきます。次第に周りの人が「いい表情だね」と声をかけてくれるようになるので、うれしくなるし、自分でも少しずつ「私、かわいいかも～」「笑顔でいるといいことあるかも～」と思えるようになってきます。

笑顔は自分自身をハッピーにするのはもちろん、自分以外の誰かまで感動させたり幸せにしたりしてくれます。
笑顔は世のため、人のためのもの。
笑顔の奇跡、信じてくださいね。

*

笑い始めたばかりの人は、
落ち着かないかもしれません。
それでも、毎日笑い続けていけば
表情筋がほぐれ、自然と笑顔になります。

日本人と欧米人は生まれたときから表情が違う

日本人と欧米人とでは、顔から受ける印象がかなり違います。

私たち日本人の80％以上は、口角が下がって生まれてきているそうです。

一方、欧米人は生まれつき口角が上がっているのですね。ですから、黙っていても、表情は穏やかで楽しそうな印象でしょう。

加えて、言語についても、日本語の母音は口を大きく動かさなくても発音できるのに対し、英語やフランス語では、例えば「サンキュー」や「メルシー」など、舌をかむ言葉や空気を抜く言葉、口角をぎゅっと上げて発する言葉が豊富です。

日本をはじめとするアジア圏の人はスタートから不利なんて……。

ですから無理してがんばって笑わないと、印象力は鍛えられません。


女性でも男性でも、目、鼻、口などパーツのひとつひとつはかわいいのに、全体の印象がよくない人がいます。

逆に、とくに大きく目立ったパーツをもっているわけではない顔立ちなのに、とっても印象に残る素敵な人もたくさんいます。

これは表情筋の使い方の違いです。

口角がぐっと上がっていると、それだけでもかわいい顔つきになるのです。ストレッチすれば身体がやわらかくなるのと同じで、表情筋も意識して動かしていればやわらかくなり、素敵な表情の人に変身します。

とにかく表情筋をもんで、もんで、もみほぐしまくりましょう。

今まで表情筋を動かしていなかった方は、とっても痛いと思いますが、自分に厳しくグリグリやってください。そうすると、頬っぺたがフワフワとやわらかく、しかも血色がよくなり、ナチュラルチークを入れたように印象がかわいらしくなったり、明るくなったりします。

さらに、2週間、笑い続けて笑顔でいると、かなり印象が変わってきます。

＊

日本人の80％以上は、
口角が下がって生まれてきています。
無理してがんばって笑わないと、
印象力は鍛えられません。

行き詰まったら、「反対方向」を向いてみる

「なりたい自分」に向かって笑顔でがんばっている途中、「う―ん、最近、なんだか調子が悪いなぁ」と一種のスランプ状態に陥る時期もやってきます。

それは自然発生的に起きる、当たり前の流れ。

やはりお邪魔だと思います。

「人生、山あれば谷あり」なので、心配したり落ち込んだりせず、自分を信じ続けてくださいね。

そんなとき、私がよく思うのは、「最近、もしかしたら、右回転になっていないかなぁ」ということです。

瓶のフタは、右に回すとギュッと閉まりますよね。

それと同じで、頭が右回転になっているときは、思考回路がどんどん「閉じる方向」に向かうので、「あー、もう、この先、何をどうしたらいいのか、分からなくなった……」と煮詰まった状態になりがちです。

正反対の「左回転」に、考え方を変えてみましょう！

自動車の販売店で企業研修をしているときに気づいたのですが、「オーライ、オーライ」と車を左回りに誘導している店舗は、業績や社内の人間関係がとてもうまくいっています。

他の業種の店舗でも、販売実績が高いところは、人の流れが左回転になるように設計されています。

陸上競技のトラックも左回りですし、地球の自転も左回り。左回転は、宇宙の、自然の、奥深い法則なのですね。


このように、自然の流れに無理なく乗れているときは、不思議と追い風が吹いてきて、次から次にいいことが起き、グングン成長していけます。

一方、自然の流れに逆らっているときは、どんなにがんばってもなかなかスムーズにいきません。ムキになって力みすぎると、体調を崩したり、大切な人との関係をこじらしたり。

何かを壊してしまうかもしれません。


「回転方向なんて、分からないよ！」と思うときもあるでしょう。

そんなとき私は、「今、ワクワクしているかな？」と考えてみることで、自然の流れに乗っているか、乗れていないかを判断しています。

どんなに大変なことをやっている最中でも、自分の心の奥がワクワクしていたら「やりがい」を感じられるし、気持ちもポジティブになります。

また、そういう状況では前向きな波長の人を引き寄せるので、どんどん心地いい追い風が吹き込んできます。

もし、何をやってもワクワクしないのなら、「ストレス」はたまっていく一方です。

常に気持ちが冴えないから、つい不平、不満、愚痴、悪口を言いたくなってしまいます。そうなるとネガティブな波長の人を引き寄せます。

お邪魔に負けないで！

「うーん、最近、ちょっとヘンな感じ」と思ったら、頭を抱えて深刻に悩むのではなく、軽やかに、反対方向に顔を向けてみましょう。

かなりの確率で、道が開けていくと思います。

＊

「左回転」になっていますか？
大変なことをやっているときでも、
ワクワクしていたら、
波に乗っている左回転の状態です。

自分以外の誰かを「ワクワク」させてみよう

人生の中で、「ワクワクすること」があるかないかは、とても大きなポイントです。

「そんなこと言われても、ワクワクすることなんて、まったくないよ！」ときどきそんな答えを出す人がいるのですが、それは自分のことしか考えていないからです。

自分がワクワクするようなことはなくても、「誰かをワクワクさせるためなら、できることはいっぱいある」と思い直してみましょう。

大変かもしれませんが、ちょっと無理して、「誰かのためにやってみよう！」と考えるのです。

自分はワクワクしないから、何もやりたくないのだけれど、自分のやったことで、「誰かがワクワクして喜んでいる姿」を想像してみたら、楽しくなってきませんか。

そうしたら、「楽しくないから、笑えない」ではなく、例えばお母さんが娘をワクワクさせるために、「娘が喜ぶなら、楽しくなくても、私は笑ってみることにしましょう」という具合になります。

娘さんが、お母さんの笑顔を見て、ワクワクして喜んでくれたら、そこからお母さんはぐんと変わります。「楽しくなるために笑うこと」ができるようになるのです。

本当に楽しいときだけしか笑顔にならないのだったら、1年に1回しか笑わないかもしれません。楽しいから笑うのではなく、「楽しくなるために笑うこと」を忘れないでください。それはありのままの自分ではなく、「無理してがんばる自分」でいないと実現しません。

楽しくないときでも、あなたの「笑顔の花」を咲かせたら、世のため、人のために役に立っていると思いましょう。

「私は世の中の役に立っていない」「私が生まれてきた意味がない」とモンモンとしている人がいますが、私なら「笑っていてください。それだけで世の中の役に立っています」と伝えます。

例えば、ホテルの喫茶室で働いているとしましょう。

コーヒー1杯を淹れる作業は、なかなかワクワクしないものですね。どちらかというと、お客さんの数が増えてくると、かなり大変な作業です。

店長さんやオーナーだったら、ワクワクするかもしれません。

コーヒーを淹れる作業にはワクワクできないけれど、そこから「お金を稼げる！」と考えると、ワクワクするということですね。

アルバイトなら、仕事の量が多ければ多いほど忙しくなりますから、コーヒーを淹れる作業には、プライドをもって店舗に立てていない限り、なかなかワクワクしませんよね。時給が上がるわけでもないですし。

でも、自分はワクワクしないけれど、おいしく淹れたら、「お客さまがどんなに喜んでくれるだろう」と考えることができれば、大変な作業でもワクワクして楽しめるということになります。

もし、「誰かのため」を考えてみたとき、「誰も思い浮かばない」なら、厳しいことを言うと、本当に寂しい人です。

今まで自分のことばかりで、自分中心に生きてきたから、今そんな状況になっている、ということに気づかなければいけないのかもしれません。

ディズニー映画『プリンセスと魔法のキス』では、主人公ティアナの貧しい一家が得意のガンボスープを作って、みんなにふるまうシーンがあります。スープをもらった人は、「すごくおいしい」と喜んで、満面の笑みでいただいていました。

その映画のDVDを娘たちと一緒に見ていたら、「昔のマミーみたい」と下の娘がつぶやきました。

かつて、私と幼い娘たちがアパートでぎりぎりの生活をしていたころ、海外からのフライトで早い時間に帰宅した日には、決まって大鍋でスープを手作りし、近所の子どもたちに配っていました。

ご近所のママ友には、日ごろ私が留守にしがちでお世話になっていましたから、私が家に居られるときは、暗くなるまで公園で遊んでいる子どもたちに、おやつ代わりにと温かいスープを配っていました。

子どもたちはよくなついていましたから、娘たちと同じように私をマミーと呼んでいましたね。我が家のお風呂にもそのまま浸かりに来ていて、本当に賑やかな毎日でした。

そういう近所付き合いをしていましたから、突然のフライトに出ないといけない、急な呼び出しで会社に行かなくてはならない、なんていうときには、ご近所のみなさんが娘たちを快く預かってくださりました。

人生は持ちつ持たれつなのです。

生きていくこと。

それは自分のためだけに何かをやるのではなく、「自分のやったことで、楽しんだり喜んだりしてくれる人がいること」にやりがいを感じることでもあるのです。

そんなふうに考えられると、「本当に幸せだな〜」と実感できます。

*

自分のためだけでなく、
誰かのために
「ワクワクすること」をやってみると、
やりがいを感じて幸せになります。

続けられなくなったら、「人に託す」方法を考える

今、夢中になってやり続けていることを、途中で辞めざるを得ない状況に陥ることもあるでしょう。

やり続けている内容によっても違ってくるとは思いますが、いろいろ事情があって、どうしても続けられなくなったら、あなたならどうしますか？

「途中で投げ出してしまった……」とネガティブな自己否定に落ち込むのではなく、「人に託す」ことでつなげていけることもあります。

「私だけしか、この仕事はできない」と思い込んでいる人は多いのですが、本当は誰にでもできるのです。自分で勝手に思っているだけ。代役はちゃんと存在します。
その事実を受け入れるのにも、「勇気」が必要になってきます。

そして、自分でない人でもできるのに、自分がさせてもらっていることに「感謝」なのです。これを「ありがたいな。私は幸せだぁ〜」と思える人は、周りの人にすでに愛されているはずです。

人に託すときには、「頭を下げる」ということが必要になってきます。
頭を下げた自分の頼みを受け入れてもらえるか、「代わりにやるよ」と言ってくれる仲間がいるかどうかも大事です。

また、逆の立場になったとき、相手の事情を理解して、代役に立ってあげる人になることも大事です。

それには、日ごろから信頼される自分になっておかなくてはいけません。

私は20年以上前から、いくつかの奉仕活動を続けさせていただき、学生たちにも「世の中の役に立つ」ことの素晴らしさを伝えてきました。

あるとき、MYK5期生（3年生）のゼミ長から連絡をもらいました。

「大学から武蔵境駅までにあるすきっぷ通り商店街と街路を、毎週水曜日、授業の前の時間に、全員で清掃活動しようと思っています。商店街の理事長さんに手紙を渡そうと思うのですが、渡す前に一度チェックしてください」

という内容でした。

私が奉仕活動を大切に思う気持ちが、自然と学生たちにしっかりと受け継がれ、つながっていることを実感して、とてもうれしくなりました。

あれから数か月経っていますが、もちろん雨の日も彼らはキラキラの笑顔で清掃活動を続けています。


10年前、私が接客業から「教育者」を目指したのには理由がありました。

「世界に笑顔の花を咲かせよう！」という私の考え方に共感し、ともに実現しようと熱く生きてくれる「仲間」を増やしたかったのです。

今では、学生はもちろん、全国で私の笑顔仲間である「スマイルトレーナー」が社会に出て活躍してくれ、世の中にポジティブなメッセージを笑顔で発信してくれています。

「日本は変わる、世界は変わる！」と心から思い、ますます幸せを信じ続けています。

万一、自分ができなくなったとき、そのマインドを引き継ぎ、代わりにやってくれる人がいるということは、とても幸せなことだと感謝しています。

＊

自分でない人でもできるのに、
させてもらっていることに「感謝」。
「ありがたいな」と思える人は、
周りの人に愛されています。

Q&A 重太先生に質問！

Q……何をやってもやる気が出ず、気分がふさいで楽しくありません。ワクワクしたいです！（30代・女性）

A……今のあなたにワクワクするものが見当たらないなら、家族や恋人、友だちなど「自分以外の誰か」がワクワクすることを探してやってみましょう。

例えば早起きするのは辛いけれど、お子さんの喜ぶ顔を見るために、おいしいお弁当を手作りする、あるいは顔の筋肉が痛くなるけれど、疲れて戻ってきたパートナーのために、とびきりの笑顔でお迎えするなど、ちょっと無理して「誰かのためにやってみよう！」と考えるのです。

自分はワクワクしないから、やりたくないのだけれど、自分のやったことで誰かがとても喜んでいる姿を見ていると、楽しくなってきませんか。

こうしたプラスの循環を続けていると、やりがいを感じられるようになり、やがてあなたもワクワクして「幸せだな～」と実感するようになります。その効果は絶大ですよ！

Q
……始めるときはやる気満々なのに、
だいたい三日坊主です。
どうしたらいいのでしょう？（20代・男性）

A
……本気でやると「決意」したら、続けられるのですよ、絶対に。自分がしたいときだけするのではなく、淡々と一歩ずつ続けていくことに意味があるのですから、三日坊主では残念すぎます。

とはいえ、スタート時はやる気満々でも、しばらくすると「面倒くさいな」「飽きたかも」というお邪魔がやってくるのは自然の摂理ですので、そこは知恵と工夫で乗りきりましょう。

「小さな目標」を設定すると、クリアするたびに達成感という「喜び」を感じられるようになり、続けていく大きな励みになります。

また、続けていくと、周りの人にも認めてもらえるようになりますので、そこにポジティブなプラスの好循環が生まれ、ますます続けやすい環境が整ってきます。そうなったらしめたもの。続けていくのが楽しくなってきちゃいますよ〜。

Q……家庭も仕事も順調で、家族みんな健康ですが、笑顔になれません。（40代・女性）

A……「笑えない……」とおっしゃる方、実は結構多くいらっしゃるのです。でも、大丈夫！　どんな方でも、最高の笑顔で笑えるようになりますよ。

初めは「つくり笑顔」で構わないので、無理してがんばって、毎日笑顔で過ごしてみてください。しばらくは妙にソワソワとして、落ち着かないかもしれませんが、まずは2週間、続けてみましょう。

そうすると、ガチガチに固まっていた表情筋がほぐれてきて、かなり自然に笑顔がつくれるようになってきます。

周囲の人からも「いい笑顔ですね」とプラスの心地いい反応が返ってくるので、続けていくと無意識のうちに笑顔があふれ出るようになります。

幸せだから笑うなんてナンセンス。

幸せになるために笑うのです。

Part.3
他人との関わり方を知る

見ず知らずの他人から、家族、恋人、仲間、上司など、
さまざまな関係でつながる「自分以外の誰か」と
ポジティブに関わる方法があります。

どんな人でも
ひとりでは生きていけない

古今東西で「人はひとりぼっちでは生きていけない」と言われます。

まさにその通り！

たとえ他人に傷つけられたり、だまされたりしたとしても、人との関わりの中でしか、「自分の心の成長」を確認することはできません。

傷つくのが嫌だから、コミュニケーションを取りたくないという人はたくさんいます。

仕事でも恋愛でも、信じた人から裏切られたとき、「恨んだり、嫌いになったりするのは辛い……」「二度と好きにならないかも……」という気持ちになることもあるでしょう。

でも、そこで心を閉じてしまうのではなく、そうした状況を「お仕組み」だと前向きに考えて、「プラスに変換していく努力」が必要です。

それが「成長」です。

「人はひとりぼっちでは生きていけない」という言葉には、多面的な意味が託されているのでしょうが、「他人との関係の中でもがき苦しんでこそ、人は成長していける」ということも教えてくれていると思います。

また、世の中には、「自分だけで完結したがる人」が結構多いようです。

そういう人がメンタル面で弱くなったり、困ったことが起きたりしたとき、「他人に託す」ことができないのですね。

頑なに自分の殻の中に閉じこもってしまう。

まさに煮詰まった「右回転」の状態です。

軽やかに反対方向を向いて、「他の人と一緒にやってみようかな、頼んでみようかな」と意識を変えられると、うんとラクになりますよ。

素直に頼ったり、お願いしたりしてみると、「えっ、面倒だな、迷惑だなぁ」と嫌がる人もいるかもしれません。

そこでがっかりして悲観することはありません。少しくらい邪険にされても気にしないでください。

世の中にはいろいろなタイプの人がいますので、「私も同じ経験をしたことがあるのよ。だから大丈夫よ～」とポジティブなエネルギーを与えてくれる人とも出会えるはずですから。

明るく前向きな人と巡り会うためにも、いつも笑顔で、ワクワクと楽しむ気持ちを忘れずにいてくださいね。
不平、不満、愚痴、悪口は厳禁です。

私は「アンパンマン」が大好きで、アニメの主人公になれるなら「アンパンマンになりたい〜」と言っています。

なぜなら、アンパンマンは自分の頭や頬っぺたをちぎって、困っている人に分け与え、みんなを元気にしてあげられる、やさしくて強いヒーローだからです。

そして、素晴らしい仲間たちと、顔をつくり直してくれるやさしいジャムおじさんに囲まれて、毎日、「笑顔の花」を咲かせる努力を惜しまずに楽しく暮らしています。

一生懸命に楽しくがんばる、スーパーヒーローです！

「私が、私が」といつも「自分」がメインになっている人は、アンパンマンのように、メインを「相手」に置き換えて考えるようにしてみると、幸せの世界は2倍に広がりますよ。

ぜひ試してみてください。

「私の幸せは、あなたの幸せ。あなたの幸せは、私の幸せ」

そんなふうに思えるようになれたら、それは本当の幸せ者です。

*

傷つけられたり、だまされたり。
そんな他人との関係の中で
もがき苦しんでこそ、
成長していけるのです。

自分と他人が思う自分には、「印象」に大きなギャップがある

「小さいころから、私のチャームポイントはとびきりの笑顔です。笑顔だけは誰にも負けません！」と、MYKに入るために自己PRをしてきた女子学生がいました。

しかし、授業中の彼女の態度と表情はあまりにもひどく、さすがの私もへこみそうになりました。3秒で気持ちを切り替えることはできますが、毎回会うたびに、3秒変換が必要なほど怖いのです。

このままではお互いにとってよくないと思い、「私、あなたと会うたびにかなりショックを受けるのだけれど、何か恨みがある？　いっつもにらみつけられているのだけれど……」と思いきってたずねてみたのです。

そしたら、「私、重太先生のこと、大大大好きなのです！」

「えっ、うそ～？」


私の講義では、授業中に生徒全員を撮影し、その映像を見ながら「印象行動学」について研究するビデオワークがありますが、彼女に映像を見てもらうと、自分が映っていることに、まったく気づかなかったのです。

しばらくしてから、「ひょっとして、この人が私ですか⁉」とやっと気づいて、とても驚き、落ち込んでいました。

「まさか自分がこんなにひどい態度と表情をしていたなんて思ってもいませんでした」と大ショックを受けている様子でした。

真剣に誰かの話に耳を傾けているとき、人は無意識のうちに「真顔」「怖い顔」になってしまうのです。

「写真を撮るよ〜」というシーンでは、「はい、笑って〜」と言われますので、大抵は笑顔で写っていますよね。そんな写真ばかり見ているので、普段の自分も「かわいい笑顔の人」だと思い込んでしまうのです。

人の話を聞いているときに、「あなた、ひどい表情だよ」と顔つきのことなんて誰も言いませんからねぇ。

「先生、本当にすみませんでした！　今すぐにでも変わりたいです、私」

3か月くらいかかりましたが、彼女は素敵なレディに変わりました。

そして今では、アルバイトをしているファストフード店の「全国接客コンテストナンバー1」に選ばれています。

すごいですよね。正真正銘、笑顔の人です。

私は、大学の講義だけでなく企業研修や講演会でも、ビデオカメラで全員の様子を撮影しています。

みなさんわざわざ私の話を聞きに、何時間もかけて遠くから来てくださっています。しかし、カメラに映った表情は、まるで人生のどん底にいるようだったり、けんか腰に見えたりします。

講演のスタート時には、「みなさん、私の話を全力の笑顔で聞き続けていてくださいね～」とお願いしているのにもかかわらず、です。

途中でその映像をお見せすると、どよめきが起きるほど驚かれますね。

そこからは、「世のため、人のために、楽しく笑いましょう」と言いながら、表情筋をマッサージして印象をやわらかにしていきます。

終了間際に再びカメラで撮って、見てみると、素晴らしく表情が変わっていて、２００％のキラッキラスマイルの人になっています。

普段なかなか実感する機会は少ないと思いますが、自分で出しているつもりの印象と、他人が受け取る印象には、かなり大きなギャップがあるものなのです。

ぜひ気に留めて、いつでも微笑みを忘れないようにしてくださいね。

＊

真剣に誰かの話に
耳を傾けているとき、
人は無意識のうちに
「怖い顔」になっています。

世の中には、想像を超えた「いろいろな人」がいる

国際線客室乗務員として働いていたころの私は、「世の中には、自分と違う人がたくさんいるものだ」とつくづく感じていました。

ニューヨーク便のファーストクラスは、往復約200万円でしたから、車が新車で買えるほどの金額です。

たった12、13時間のフライトのためにそんなにも大金を使う人がいる、ということが、若いころの私の驚きでした。

ファーストクラスを利用されるお客さまには2タイプの方がいらして、金額に見合ったサービスの提供を期待されている方と、何もしないで静かにして欲しいという方がおられます。

後者のお客さまは、搭乗から降機まで、ひと言も口をきかず、お水も飲まず、ただ静かに眠っておられます。

どちらのタイプにも共通しているのは、「大切なものがはっきりと決まっている」ということです。

何をするにも、決して「中途半端」ではないのです。

客室乗務員とコミュニケーションを楽しむのだったら徹底的に。睡眠をとるのだったら徹底的に。しかも、理想通りにされたいのです。

みなさん、「覚悟」「理想」のレベルが、一般の私たちとは比べものにならないほど「ハイレベル」のような気がしました。

ビジネスクラスのお客さまは、会社の出張で搭乗されている多忙なビジネスマンが多く、お席でずっと働かれています。

そして、エコノミークラスには、あらゆる世界が凝縮されています！

いちばん後ろの座席に座って、「エコノミークラス全体を眺めるのが趣味」というお客さまもいらっしゃいますし、さまざまなドラマが起こる場所です。

私は出産以外のことは、ほとんどすべてを機内で体験しました。

救命救急、お客さま同士の殴り合い、夫婦喧嘩、プロポーズ。

トイレの使い方が分からないという海外のお客さまもいます。

エコノミークラスの200～300席ほどが満席になると、私たち客室乗務員は早くサービスしなければ後ろのお客さまを待たせてしまうと、動きが慌ただしくなります。

そうすると、ついガチャガチャと音を立ててサービスしてしまっているのですが、焦っているので、それになかなか気づくことができなくなってしまいます。

そんなとき、ビジネスクラスのカーテンを開けて、ハッとします。

他の客室乗務員が優雅に背筋を伸ばし、穏やかな表情で「紅茶はいかがですか」とゆとりのあるサービスをしているのです。それを見て、私も自然と立ち居振る舞いを正します。

次に、ファーストクラスのカーテンを開けてみると、そこにはさらにエレガントさが加わり、「ほほほ」というような上品な笑い声が聞こえてきたりします。

時間の流れが変わって、音も香りも違うような気がします。

同じ飛行機で、同じ目的地に向かっているのに、カーテン1枚を隔てているだけで、ここまで世界が異なるとは……。

「世の中には、いろいろな人がいる。私の知らない世界があるのだ」と、学びました。

自分が身をおく「環境」はとても大切です。

ちょっと背伸びしてでも、なりたい自分に近づけそうな環境を見つけて、できるだけそうした環境にわが身をおくように努力したほうがよいのだと思います。

「品がよくなりたい」と思っているのに、「へい、らっしゃ～い！」というラーメン屋さんのアルバイトでは、人に元気な印象は与えられても、上品さはなかなか身につかないですよね。私も焼き鳥屋さんでアルバイトしていたときにそうでした。

客室乗務員を目指している元気のいいある学生が、街角で「お客さん、ちょっと一杯呑んでいきませんか～？」と声をかける居酒屋さんのアルバイトをしていたので、「それでは上品さは身につかないよね。アルバイト先を考えたほうがいいのでは」とアドバイスしたことがありました。

彼女は、着物で給仕する高級しゃぶしゃぶ店の仲居さんのアルバイトを見つけてきました。着物なので大股で歩かなくなり、身のこなしが自然と優雅になります。指先の動きも、髪の毛のアレンジも、なんとなく上品になります。

私は彼女からアルバイトを変えたとは聞いていなかったのですが、彼女が教室に入ってきた瞬間に分かり、「アルバイト、変えたでしょう」と言いました。

それほど環境から影響を受けているのです。

世の中にはいろいろな環境があって、いろいろな人がいます。
自分が身をおく環境は、自分で選ぶことができますから、できるだけ夢に近い場所を選びたいですよね。

もちろん、今、彼女は、世界の空の上で働いています。

*

ちょっと背伸びしてでも、
なりたい自分に近づけそうな
環境に身をおきましょう。
環境は自分で選べるのですから。

「全力」でアピールしないと、他人の心には響かない

講演会や企業研修では、最初に必ず、「これから私と全力の笑顔でアイコンタクトを取ってください」とお願いします。

1000人近いお客さまが入るような大きな会場でも、客席の間をものすごい勢いでくまなく走り回って、私は参加者全員と目を合わせるようにしています。

そして、目が合った一瞬に、全力の笑顔返しをしてもらうのです。

そのとき、「ありのままの、いつもの笑顔では足りませんよ！」と言っています。

自分が普段何気なく笑っている、はにかんだような笑顔くらいでは、他の誰かを幸せにすることなんてできません。

無理してでも、メチャクチャがんばった「全力投球の笑顔」にならなければ、楽しい気持ち、うれしい気持ち、歓迎する気持ちを表現して伝えることはできません。人の心に響かないのです。

「それってわざとらしくて、気持ち悪くないですか？」と心配される方もいますが、周りから見るとそんなことはないのです。全力投球の笑顔は、相手には、「ちょうどいい感じの笑顔」になっています。

試しに、鏡に自分の笑顔を映してみてください。

ありえないくらいの全力投球の笑顔でも、実際に客観的に見てみると、案外ちょうどいいと思うはずです。「私、かわいい〜」とうれしくなっちゃうかもしれません。

自分で出しているつもりの印象と、他人が受け取る印象には、かなりギャップがあるということ、ここで思い出してください。

みなさん、とても素直に、本気になって、顔を引きつらせ、頬のお肉を震わせながら、一生懸命に笑顔でアイコンタクトをしてくれます。普段、こんな満面の笑みを浮かべたことがないので、顔の筋肉がけいれんを起こしてしまうほどです。

おもしろいことがあって自然に大笑いしたときには平気なのでしょうが、無理に笑顔をつくろうとがんばると、表情筋がピクピクと震えて顔がピキンピキンになるものです。

ですが、その全力投球の笑顔を見ると、「この人、私のためにがんばってくれているのだ」と感じ、私はと〜っても幸せな気分になれます！

誰かの気持ちを動かしたい。

幸せになってもらいたい。

そう思うなら、そんなふうに無理してでも大げさに表現しないと伝わらないのです。

「そこまでがんばらないといけないのですか？」と聞かれることもありますが、「そこまでがんばらないで、人を幸せにしたい、人の気持ちを動かしたいと思うほうが図々（ずうずう）しいとは思いませんか？」と私はたずねます。

正直、ものすごく気合を入れないと、自分の思いなんて伝わりません。

それくらいの覚悟をもっていないと、他人といいコミュニケーションは取れません。無理して、がんばって気持ちを表現しないと、他人の心には響かないのです。覚えておいてくださいね。

＊

顔の筋肉がけいれんするほど
メチャクチャ無理して
がんばった笑顔でないと、
人を幸せにすることはできません。

みんな気になる「仕事」と「お金」と「上司」と「会社」

今の若者は、「仕事」に対するモチベーションが高く、男女ともに「働くことは大切なこと」ととらえています。学生に限らず、私のトレーニングを受けに来られる方は、仕事に対する意識はかなり高いと思います。

ごくたまに、「玉の輿に乗りたい〜」という女子学生もいますけれど、「では、玉の輿には、どうやったら乗れるのか」という講義を「印象力で夢をかなえる」という授業のときにしましょう、と言って実際に行いますが、「玉の輿って相当大変。自分で稼ぐほうが楽……」と悟るようです。

とはいえ、最近の若者は、昔ほど「お金」に執着していないような気がしますし、出世欲もあまりないようです。

「お父さんみたいな……、会社の上司みたいな、仕事ばかりの人生にはしたくありません。自分の生活を楽しみたいと思っています」「出世したら責任が重くなって、楽しみを奪われそうな気がします」と言うのです。

老後はまだまだ遠い話ですが、きちんと「貯金」している学生がたくさんいることにも驚きます。大学卒業後に奨学金の返済を自分でしなくてはいけないので、金銭感覚はいたって堅実、本当にしっかりしています。

そういう意識の若者が社会に出て働いているので、会社の上司と飲みに行くことがない。ごくたまに参加することはあっても、つまらなそうな態度ですし、お皿を下げたり、お酌をしたりすることは一切ないのです。

企業研修に行くと、上司の方から、「部下が付き合ってくれないのですよ。たまには付き合ってほしいのに」といった内容の愚痴をよく聞きます。

今の時代らしいとは思いますが、私は学生にはこんな話をします。

「今から20年先だったら、そういう考えでいいと思う。でも、今はまだ、上司の世代が、あなたたちと同じ感覚になっていないから寂しいのよ。就職した後に、あの上司がなぜ出世したのか？　なんていう不思議を感じるとしたら、勇気を出して、お付き合いさせてください！　とたまには言ってみたらいいと思うよ。きっとかわいがってもらえるし、そのナゾが解けると思うよ」と。

かつてのように家に固定電話もない携帯世代ですから、若者たちは年の離れた見知らぬ人と会話したりする機会もめっきり少なくなりました。ご近所付き合いも昔のように盛んではないですからね。

私のゼミでは、先輩と後輩の上下関係をしっかりとつくり上げて、コミュニケーションの仕方を指導しています。

「面識のない先輩や大先輩には、直接お世話になっていないかもしれないけれど、その人たちが築き上げてきた実績と信頼があるから、今の自分がその恩恵にあずかっているのだ、ということに感謝しましょう」と、在学中にたたき込まれるので、社会に出たときに、自然と先輩方からかわいがられる人材になっています。


ちなみに私は「〝アンチ〟空気を読む派」です。

研修先で「憧れの人は？」と聞くと、イチロー選手や坂本龍馬、ホセ・ムヒカウルグアイ前大統領、マザー・テレサなどの名前が挙がりますが、どなたも空気を読まずに自分の信念を貫ける人たちです。

周りからたとえ中傷されてもやり続け、素晴らしい成果を出します。ですから、「すごい、かっこいい。憧れちゃう」となるのですよね。

研修時、「さぁ、みなさん、空気を読まないで～。ほら、勇気を出して、発表したい人、挙手!」と、私はみなさんにチャンスを与えます。

ここで手を挙げることができるかどうかは、その人の「勇気次第」です。

自分から印象を変えていくのも勇気。人に挨拶をするのも勇気。会社でアフターファイブに上司に「付き合います」と言うのも、ある意味、勇気が必要です。それらは「性格」ではありません。

性格がいい人は世の中にたくさんいるけれど、勇気を出せる人はそうたくさんはいないな～と思います。人生に勇気は必要なのです!

*

「性格」がいい人は
世の中にたくさんいるけれど、
「勇気」を出せる人は
そうたくさんはいないと思います。

「夢」をかなえるために必要なのは「仲間」

多くの方が「結婚したいのです」と言って来られます。

いわゆる草食系は多いし、昔と比べたら、恋愛志向が強いわけではないけれど、家庭はもちたいと思っているようです。

「ひとりで生きていくのは寂しい」と感じて、パートナーの大切さには十分気がついています。

そして、結婚して家庭をもつのなら、「それなりのお給料をもらえるところに就職しなければ」とも思っているようです。

自分の家族については、比較的しっかりとした夢を思い描いているのです。

35歳までに、子どもがふたり欲しい。

年1回は、家族で海外旅行に行きたい。


私の大学の講義では、そうした「夢」を全部書き出してもらいます。

そして、その夢をかなえるためには、年間にいくら必要となるか試算してみるのです。

そうすると、自分が就職しようと考えていた会社では、夢の実現に必要な給料がもらえないことが判明します。


そこからが夢実現のための第一歩なのです。

35歳で夢を実現するためには、今、何をすればいいのだろうと考えて、資格を取ったり、語学の勉強を始めたり。夢がかなうだけの給料がもらえる会社に入れるように努力し始めます。

今の若者は、先の夢がはっきりと決まれば、そこに向かってとてもまじめにコツコツと進めていくことができますから。

もし、予期せぬ出来事が起きて、プラン通りに進まなくても、大丈夫。

ピンチはチャンス！

私の授業では、「それはよくなるためのお仕組み」と考えて、新たなもっといい道を探すようにと伝え、また、グループで意識改革のトレーニングもするので、学生たちはとても強くなり、結果を残すようになりました。

必要なのは「支え合う仲間」です。

ひとりでは「夢」はかなえられないので、仲間たちが必要になってきます。

幅広い仲間がいていいのだと私は思います。

親友もいれば、ボランティア仲間、バイト仲間、顔見知り程度の知り合いも、ある意味、仲間ですよね。

いろいろな付き合い方をする仲間がいれば、それぞれにコミュニケーションの勉強にもなりますし、学ぶことも多いでしょう。

例えば政治家になりたい人は、顔だけでもたくさん知っているほうがいいですよね。人脈が大切ですので。

一方、ものすごく手の込んだハンドメイドの洋服を販売している人なら、自分の作品を愛してくれる、ごくわずかな人だけでも、仕事としては十分なわけです。

人生にとって、仲間はとても大切です！

真剣に、素直に探せば、仲間は必ず見つかりますので、広い世界から探し出してみてください。

どんなときも仲間はあなたを叱咤激励してくれます。

＊

自分ひとりだけでは
夢はかなえられないので、
「仲間」が必要になってきます。
仲間はとても大切です。

世界中を笑顔にする夢に共感してくれる「仲間」が欲しい！

今の私の夢は、「世界中の人が笑顔になる日をつくりたい」ということだけです。

みんなが笑っている日。
誰一人、泣いている人がいない日。
誰一人、苦しんでいる人がいない日。
誰一人、落ち込んでいる人がいない日。

一瞬でもいいから、そんな時間が存在したら、私はとても幸せです。必ずかなうと信じています！

ですから、私は、その夢をかなえるお手伝いをしてくれる、たくさんの「仲間」が欲しいと、毎日願っています。

「あー、ヤダヤダ。やっていられないよ～、もう。何なの、あの人」といつも不平、不満、愚痴、悪口ばかり言っているような、マイナス思考の仲間は要りません。

逆にどんな人までも幸せにしてしまうような強さをもった「世の中がよくなったらいいよね、もっと笑顔になったらいいよね」と言っている人たちと知り合いたいし、仲よくしたいと心から思っています。

私の仲間には、「世の中がもっと平和になって、世界中に笑顔の人が増えたらいいいね」とワクワクしながら言っている人がたくさんいます。ですから、笑顔が増えるプラスの輪はどんどん大きく広がっていっています。

私にそんな仲間ができるのですから、あなたにもきっとできます。

教職員免許の試験を5年連続で落ちた女性が、プライベートトレーニングを受けに来て、その後、すぐに合格しました。

彼女も「世の中がよくなったらいいよね、笑顔になったらいいよね」と言える人でしたから、「長く教師を続けて、いい生徒をたくさん育ててくださいね」とお願いしました。

まぁ、そういう人は魅力的ですから、いい出会いに恵まれて、すぐに職場結婚して寿退職してしまいましたが（笑）。

たくさんの人からほめられて自然に明るくなって、いいことがどんどん起きるのでしょうね。

左に高速で回転しているイメージです。幸せそうでしょう。
ゼミの卒業生も希望の就職先にどんどん合格しています。
２０１６年は超難関だとされる大手航空会社に、ゼミ生の半分以上が内定しています。そんなゼミは他に聞いたことがないので、ＭＹＫは日本一の夢をかなえるゼミだと思っています。

「なりたい自分に変わろう」と決意と勇気をもって一歩を踏み出したら、あなたの人生には、劇的に花が咲いていきます。

その花々が、雨の日も、風の日も、雪の日も、決して茎が折れることなく、満開に咲き誇るまで、育て続けなければなりません。

「天気も、お仕組みですねー」

あなたのそんな幸せの日々を心からお祈りしています！

そうそう、ご存じですか？

10月13日は、日本の新しい記念日で「スマイルトレーニングの日（日本記念日協会・公式登録）」なのです！　なんと、制定者は私（笑）。

たとえどんなことがあろうとも、その日だけは、絶対に笑顔で過ごしてくださいね。お願いです！

幸せだから笑うなんてナンセンス。

幸せになるために笑うのです。

＊

私の夢はたったひとつ、
「世界中の人が
笑顔になる日をつくりたい」
必ずかなうと信じています！

Q&A 重太先生に質問！

Q……人と付き合うのが苦手です。上手にコミュニケーションできる方法を教えてください。（20代・女性）

A……他人から裏切られたり、嫌な目に遭わされたりと人間関係がうまくいかなくなると、つい心を閉ざして、自分の殻にこもってしまいたくなるものです。

しかし、そこが踏ん張りどきです！

いちいち相手の反応を気にして落ち込んだりせず、

「世の中にはいろいろなタイプの人がいるのだなぁ」

と軽やかにとらえてみましょう。

それができるようになったら、あなたは大きく成長しますし、コミュニケーション能力もぐんと高まります。心も晴れてラクになりますよ。

明るく前向きな人たちと巡り会うためにも、いつも笑顔を忘れずにいてください。不平、不満、愚痴、悪口は厳禁です。また、「自分目線」ではなく、メインを「相手」に置き換えて考えてみると、比較的スムーズにコミュニケーションができると思うので、試してみてくださいね。

Q……すごい悪口を言われました。そのときのことを思い出すと、涙があふれてきます。（10代・女性）

A……悪口を言われた過去にとらわれて不幸せな感情がわいてくるのを、「なんとかしたい」と思っているのでしょう。でも、その方法が分からないから苦しんでいるのですよね。

クヨクヨと思い悩む自分とお別れするには、「私、変わる！」と決意することです。勇気をもって、決意してください。

辛い経験は、いつまでも悲しむためにあるのではなく、あなたを「成長」させるためのお仕組みです。いいことが起きる前兆だと、考え方を前向きに変換してみましょう。

そうして、笑顔で過ごす時間が増えると、不平、不満、愚痴、悪口ばかり言っているようなマイナス思考の仲間は自分の周りからいなくなり、次第に「プラス思考の仲間」が集まってきます。キラキラとした楽しい時間が過ごせるようになりますよ。

Q……婚活続けてそろそろ5年。相手にはにこやかに接しているのに、結婚まで話が進みません。（30代・女性）

A……自分で出しているつもりの印象と、他人が受け取る印象には、大きなギャップがあります。ですから、ぜひこの機会に、「自分の笑顔チェック」をしてみてください。

大きめの手鏡に笑顔を映してみましょう。

「はにかんだような微笑み」になっていませんか？

意中の相手に気持ちを伝えるには、顔を引きつらせ、頬の筋肉がけいれんを起こすほど笑顔の練習を繰り返し、「全力の笑顔」を見せなくては!

そうすると、その満面のスマイルのおかげで相手は「幸せな気持ち」になれるので、あなたのことが気になって仕方なくなります。

結婚するなら、不機嫌な人より、笑顔の人がいいに決まっていますよね。笑顔は世のため、人のため、そして、自分のためにもなるのですよー。

笑顔の奇跡、信じてくださいね!

おわりに

今、私は明日の講演のために、羽田空港のラウンジで新千歳(しんちとせ)空港行き最終便の搭乗案内を待っています。

昨夜から北海道は天候が乱れて、飛行機が遅延・欠航しているとニュースで流れていたので、かなり早めに来てチェックインを済ませました。

空港内には、「新千歳空港行きは、天候不良のため、出発を見合わせております」というアナウンスが響き渡っています。

今のあなたなら、お分かりになりますよね？

そう、これもお仕組みです。ですから、イライラせず、

「あ〜、よかった。天候不順のお知らせのおかげで早く空港に来たから、ラウンジでゆっくりと原稿が書ける」と心穏やかにキーボードをたたいています。

イライラしてもいいことは何ひとつ起こらないし、誰一人幸せにはなりませんものね。


「ピンポン、パンポーン」

ほ〜ら、私の搭乗予定の飛行機は、定刻通りに搭乗案内が始まりましたよ。やっぱり原稿を書き終えるための、お仕組みだったのですよね。

ありがたい、ありがたい。

私は正真正銘の幸せの億万長者「ハピオネア®」♡

我が家には、私の書斎もベッドルームもありません。

81歳の最愛の母と、「窮屈だね～」と笑いながら、6畳間に布団を並べて仲よく寝ています。


「はじめに」では、がんと診断された父がいると書きました。

その父は、あれから11年経ちましたが、笑顔の未知なる力のおかげで、手術することなくすっかりがんが消えて、健在！

80歳の誕生日にはボクシングをすると言い出し、サンドバッグをたたいて、腕と手の骨を2か所骨折（笑）。

私といえば、みなさんに、「重太先生、テレビで見るよりかわいい〜、わか〜い」と街角でおだてられ、ますますハッピー。

さぁ、あなたもなれますよ、「ハピオネア」♡

ミリオネアやビリオネアのような億万長者にはなれなくても、あなた次第で、今すぐ「ハピオネア」にはなれるのですから。

さぁ、勇気を出して、幸せになる覚悟を決めてください！

＊「ハピオネア®」については、26ページをお読みください

重太みゆき先生、
教えてください!

発行日　2016年12月23日　第1刷

著者　重太みゆき(しげた・みゆき)
発行人　井上 肇
編集　堀江由美
発行所　株式会社パルコ
エンタテインメント事業部
東京都渋谷区宇田川町15-1
03-3477-5755
http://www.parco-publishing.jp
印刷・製本　図書印刷株式会社

ISBN978-4-86506-201-4 C0095
Printed in Japan

落丁本・乱丁本は購入書店名を明記のうえ、
小社編集部あてにお送りください。
送料小社負担にてお取り替え致します。
〒150-0045　東京都渋谷区神泉町8-16
渋谷ファーストプレイス　パルコ出版　編集部

Staff
カバー撮影/石神誠久
ブックデザイン/川添 藍
イラスト/tent
編集/本村アロテアのりこ